BEI GRIN MACHT SICH IHR WISSEN BEZAHLT

- Wir veröffentlichen Ihre Hausarbeit, Bachelor- und Masterarbeit

- Ihr eigenes eBook und Buch - weltweit in allen wichtigen Shops

- Verdienen Sie an jedem Verkauf

Jetzt bei www.GRIN.com hochladen und kostenlos publizieren

Bibliografische Information der Deutschen Nationalbibliothek:

Die Deutsche Bibliothek verzeichnet diese Publikation in der Deutschen Nationalbibliografie; detaillierte bibliografische Daten sind im Internet über http://dnb.d-nb.de/ abrufbar.

Dieses Werk sowie alle darin enthaltenen einzelnen Beiträge und Abbildungen sind urheberrechtlich geschützt. Jede Verwertung, die nicht ausdrücklich vom Urheberrechtsschutz zugelassen ist, bedarf der vorherigen Zustimmung des Verlages. Das gilt insbesondere für Vervielfältigungen, Bearbeitungen, Übersetzungen, Mikroverfilmungen, Auswertungen durch Datenbanken und für die Einspeicherung und Verarbeitung in elektronische Systeme. Alle Rechte, auch die des auszugsweisen Nachdrucks, der fotomechanischen Wiedergabe (einschließlich Mikrokopie) sowie der Auswertung durch Datenbanken oder ähnliche Einrichtungen, vorbehalten.

Impressum:

Copyright © 2011 GRIN Verlag, Open Publishing GmbH
Druck und Bindung: Books on Demand GmbH, Norderstedt Germany
ISBN: 9783668493322

Dieses Buch bei GRIN:

http://www.grin.com/de/e-book/371429/die-kleinen-kaiser-chinas-die-auswirkungen-der-ein-kind-politik-auf-die

Caroline Block

Die kleinen Kaiser Chinas. Die Auswirkungen der Ein-Kind-Politik auf die chinesische Gesellschaft und der „Wert" eines Kindes

GRIN Verlag

GRIN - Your knowledge has value

Der GRIN Verlag publiziert seit 1998 wissenschaftliche Arbeiten von Studenten, Hochschullehrern und anderen Akademikern als eBook und gedrucktes Buch. Die Verlagswebsite www.grin.com ist die ideale Plattform zur Veröffentlichung von Hausarbeiten, Abschlussarbeiten, wissenschaftlichen Aufsätzen, Dissertationen und Fachbüchern.

Besuchen Sie uns im Internet:

http://www.grin.com/

http://www.facebook.com/grincom

http://www.twitter.com/grin_com

Universität Leipzig
Ostasiatisches Institut
Fachbereich Sinologie
Modelle und Methoden der Regionalwissenschaften und der Chinaforschung

Wintersemester 2010/2011

Die „kleinen Kaiser" Chinas

Die Auswirkungen der Ein-Kind-Politik auf die chinesische Gesellschaft

und der „Wert" eines Kindes

Caroline Block   HF: Japanologie
                                            B.A. 1. Semester

Die „kleinen Kaiser" Chinas

Die Auswirkungen der Ein-Kind-Politik auf die chinesische Gesellschaft und der „Wert" eines Kindes

In dem folgenden Essay möchte ich mich mit einem politischen System befassen, das die chinesische Gesellschaft in den letzten 30 Jahren sowohl geistig als auch demographisch stark beeinflusst hat und international immer wieder für Diskussionen sorgt: Die Ein-Kind-Politik. Sie stellt einen großen Eingriff in die Privatsphäre der Menschen dar, welcher allerdings allgemein akzeptiert wird – zum Wohle des Landes.

Auf den nächsten Seiten befasse ich mich mit dem Hintergrund der Ein-Kind-Politik und insbesondere deren Folgen für die Eltern, Kinder und die chinesische Gesellschaft.

Zu Beginn möchte ich jedoch den Begriff der Ein-Kind-Politik sowie seine Entstehung etwas beleuchten.

China war schon immer ein bevölkerungsreiches Land mit stetig steigender Einwohnerzahl. Unter Mao Zedong wurde noch die Ansicht vertreten, dass ein Staat nur mit einer hohen Bevölkerungszahl eine starke Stellung in der Welt einnehmen könne. Später begann jedoch auch Mao zu erkennen, dass sich die rasante Bevölkerungsentwicklung zu einem Problem entwickeln würde und propagierte eine mildere Familienplanung mit dem Ziel, insgesamt weniger Kinder pro Familie zu bekommen. Dies führte dazu, dass die Geburtenrate pro Frau von 5,5 (1970) auf 2,7 (1979) fiel. (vgl. Langenbach, 2. Absatz) Jedoch führte die Kommunistische Partei unter neuer Führung 1979 die Ein-Kind-Politik ein, welche gesetzlich die Geburtenrate noch weiter, nämlich auf genau ein Kind pro Familie, reduzieren sollte. Das dazu gehörige Gesetz sieht etliche Regeln vor: Beispielsweise benötigt ein Paar zur Hochzeit eine amtliche Heiratserlaubnis und die Frau muss Kenntnisse über Maßnahmen zur Empfängnisverhütung vorweisen können. Kinder müssen sogar bei der dafür zuständigen Behörde beantragt werden.

Das Ein-Kind-Gesetz lässt jedoch auch in bestimmten Ausnahmefällen die Geburt eines zweiten Kindes zu: Falls das erste Kind an einer Behinderung leidet oder stirbt; oder falls das erste Kind von Familien, die auf dem Land leben, ein Mädchen ist. Auch sind nationale Minderheiten nicht von dieser Regelung betroffen.

Damit sich die Bevölkerung daran hält, wird die staatliche Familienplanung mit zahlreichen Belohnungen und Sanktionen durchgesetzt. Die Ein-Kind-Familie bekommt zum Beispiel monatliche Prämien bis zum 14. Lebensjahr des Kindes und Begünstigungen in den Bereichen Bildung, Gesundheit und Wohnen. Im Falle einer Nichteinhaltung der Ein-Kind-Politik gibt es in den genannten Bereichen erhebliche Benachteiligungen und hohe

Strafzahlungen. (vgl. Pierk, 5. Absatz)

Was tun die Menschen also, wenn sie ungeplant ein zweites Kind bekommen oder einfach mehr als ein Kind haben wollen? Die hohen Geldbußen für ein zweites Kind stellen für die wohlhabenderen Chinesen kein Problem dar, wohingegen sie für die Mittelschicht die gesamte Existenz gefährden können. Leider setzt genau hier ein Effekt ein, der die Schere zwischen Arm und Reich und zwischen der Stadt- und Landbevölkerung verstärkt. Im Gegensatz zu den Menschen, die auf dem Land leben und die Hilfe ihrer Kinder im Alltag benötigen, ist die Stadtbevölkerung nicht auf solcherlei Dinge angewiesen und kann damit nur ein Kind und folglich zahlreiche Vergünstigungen bekommen. Die, die auf dem Land leben und die Unterstützung ihrer Kinder benötigen und nicht viele finanzielle Mittel haben, müssen mit den bereits erwähnten Benachteiligungen zurecht kommen. Dadurch verschlechtern sich die Lebensbedingungen für den einen Teil der Bevölkerung während der (schon privilegierte) andere Teil noch davon profitiert.

Einige Eltern bekommen mehr als ein Kind und geben diese bei den Behörden einfach nicht an um besagten Strafen zu entgehen. Diese sogenannten versteckten Kinder können von der Regierung statistisch nicht erfasst werden. Es gibt keine Daten zur Anzahl der versteckten Kinder, jedoch wird vermutet, dass sie sehr hoch ist. „1990 verzeichnete die Volkszählung 23 Millionen Geburten, bei der Volkszählung 2000 gab es aber 26 Millionen 10-jährige Kinder." (Schönhuber, 3. Absatz) Um eine größere Genauigkeit bei der Volkszählung 2010 zu erreichen wurde verkündet, dass Eltern versteckter Kinder nur die Hälfte der eigentlichen Strafe zahlen müssen, wenn sie diese bei den Behörden melden. Die Strafe wird also gemildert und die Kinder können hierdurch eine Hukou bekommen – eine große Chance für viele.

Gut Verdienende und Neureiche können den offiziellen Weg gehen und nehmen die staatlichen Strafen und Einschränkungen für die Geburt eines zweiten Kindes in kauf. Zweite Kinder werden einfach auf Privatschulen, die gegen Bezahlung jedes Kind aufnehmen, geschickt und den Benachteiligungen im Bereich der Krankenversicherung wird mit privater Vorsorge entgegengewirkt.

Manche bemühen sich auch um einen ausländischen Pass oder heiraten im Ausland, um sich nach ihrer Rückkehr nicht mehr an die Ein-Kind-Politik halten zu müssen. „In den teuren Vororten Pekings und Schanghais leben Chinesen mit amerikanischem, deutschem oder australischem Paß, die alle zwei oder mehr Kinder haben und stolz darauf sind." (N.N. a, 4. Absatz)

Die Ein-Kind-Politik hat auch das Geschlechterverhältnis verändert. In der Regel folgen auf 100 Mädchen 106 Jungen, jedoch kommen in der Volksrepublik China auf 100 Mädchen 119 Jungen, in manchen Provinzen sogar 130. (vgl. Olesen, 4. Absatz) Als Grund für diese unnatürliche Veränderung ist die traditionelle Bevorzugung von männlichen Erbfolgern und die damit verbundenen häufigen Abtreibungen von weiblichen Föten zu nennen. Daraus wird folgen, dass in den nächsten Jahren 23 Millionen junge Chinesen keine Frau zum Heiraten finden werden. „Untersuchungen haben ergeben, dass sie durch diesen Umstand anfälliger sind, Verbrechen zu begehen. Dadurch könnte das Gleichgewicht in der Gesellschaft und der Politik gefährdet sein." (Pierk, 14. Absatz)

Doch was hat es mit der Bevorzugung von männlichem Nachwuchs auf sich? In China wird die Altersversorgung traditionell von den Kindern übernommen, wobei die Tochter später in die Familie ihres Ehemannes aufgenommen wird und somit als Versorger verloren geht. Folglich hat der Sohn mehr Wert für die eigene Zukunft, da er eine Alterssicherung darstellt. Diese Ansicht ist also der Hauptgrund für das unnatürliche Geschlechterverhältnis in China – und Grund für viele Abtreibungen als Folge der Geschlechtsbestimmung durch Ultraschall. Waren es 1979 noch 7,9 Millionen Abtreibungen, so stieg die Zahl schon drei Jahre später bereits auf 12,4 Millionen. (vgl. Pierk, 7. Absatz) Des weiteren sind Abtreibungen in der Volksrepublik legal und für jede Frau bis zum sechsten Schwangerschaftsmonat möglich. Nun versucht die Regierung Maßnahmen zu ergreifen um das Geschlechterverhältnis wieder zu normalisieren und zu verhindern, dass weiterhin erstgeborene Mädchen abgetrieben oder nach der Geburt getötet werden. Ehepaare, die sich für die Geburt ihrer Tochter entscheiden, werden mit zusätzlichen finanziellen Altersabsicherungen und Häusern belohnt. Mittlerweile ist auch die Geschlechtsbestimmung vor der Geburt durch ein Gesetz verboten und strafbar. Aus den oben genannten Beweggründen wurde auch die Ein-Kind-Politik auf dem Land durchlässiger: Die „1,5-Kinder-Politik" (Langenbach, 4. Absatz) lässt ein zweites Kind zu, falls das erste ein Mädchen ist.

Nun möchte ich die Problematik des „Wertes" eines Kindes ansprechen, denn in das eigene Kind werden Hoffnungen, viel Geld und hohe Erwartungen gesteckt.
Zunächst zur finanziellen Sachlage: „Einzelkinder-Paare dürfen heute in mehreren Städten ein zweites Kind bekommen; doch Umfragen zeigen, dass eine Mehrheit von ihnen (in Peking: 52 Prozent) das schon gar nicht mehr will, weil es zu teuer sei." (Siemons, 7. Absatz)
Es stimmt: In China ein Kind aufzuziehen kostet viel Geld. Ökonomisch gesehen stellen Kinder eine langfristige Alterssicherung dar, jedoch sind sie ebenso eine bedeutsame finanzielle Belastung. Ohne ein gutes Einkommen und Ansparungen ist gar nicht erst an ein Kind zu denken. Der Konkurrenzkampf ist hart - Um Chancen auf die Universität zu haben

muss das Kind den besten Kindergarten, die beste Grundschule und die beste Mittelschule besuchen. Die Gebühren hierfür sind umso höher, je besser die Einrichtung ist und mit zunehmendem Alter des Kindes wird das Erziehungssystem immer teurer. Laut einer Umfrage der School of Foreign Languages and Literature der Nanjing Normal University unter den Eltern der Studieneinsteiger zu den Geldbeträgen, die sie in ihr Kind bis zum 18. Lebensjahr investiert haben, gaben gewöhnliche Familien ca. 100.000 Yuan (11.331 Euro), wohlhabendere bis zu 300.000 Yuan (33.993) aus. (vgl. N.N. b, 3. Absatz) Je nach Ort fallen diese Beträge allerdings unterschiedlich aus: In Beijing zum Beispiel betragen alleine die Bildungskosten schon ca. 350.000 Yuan.

Kinder sind also kostspielig; und schon im frühen Alter wird viel Geld für Kindergärten und Förderkurse ausgegeben. Jedes Jahr werden höhere Anforderungen zur Norm: „Bestimmte Leistungen fürs Kind nicht zu erbringen, das wird in China bald mit Vernachlässigung gleichzusetzen sein." (Elschenbroich, 5. Absatz) Auch aus diesem Grund ist die Ein-Kind-Politik in den Städten akzeptiert, denn für mehrere Kinder würden die Ressourcen der meisten Familien einfach nicht reichen.

Entsprechend all dieser Investitionen sind die Erwartungen der Eltern groß. Es gibt bereits Privatkurse für zwei- bis dreijährige Kleinkinder, in denen Mathematik, Schriftzeichen lesen und auch Englisch gelehrt wird. Schon hier wird zügiges Arbeiten und Konzentration auf gestellte Aufgaben geübt. In Elitekindergärten lernen Kinder sogar schon Stoff aus der ersten Klasse – Zeit zum normalen Spielen gibt es nicht, denn „eine unbeschwerte Kindheit gilt vielen ehrgeizigen chinesischen Eltern als reine Zeitverschwendung". (N.N. c, 6. Absatz) Es gibt auch Programme, die Kindern zwischen drei und sechs Jahren Grundwissen in Wirtschaft und Naturwissenschaft beibringen sollen. „Wer später einmal erfolgreich sein will, muss heute so früh wie möglich anfangen, dafür zu arbeiten. Drei bis sechs Jahre ist das ideale Alter, um früh mit der Ausbildung von Kindern zu beginnen." (Vougioukas, 13. Absatz)

Nirgendwo sonst auf der Welt investieren Eltern so viel Zeit, Mühe und Geld in die Bildung ihres Nachwuchses – doch welche Auswirkungen hat dieser Ehrgeiz auf die Kinder? Als Folge der Ein-Kind-Politik konzentrieren die Eltern ihre Hoffnungen und all ihr Geld auf ihr einziges Kind, auf welches hierdurch ein sehr starker Leistungsdruck ausgeübt wird. Verstärkt wird dieser auch durch den Konkurrenzkampf an den Schulen, ausgelöst durch die ehrgeizigen Eltern. „[…] für chinesische Ehepaare steht der schulische Erfolg des Kindes an erster Stelle, noch vor der gesundheitlichen und moralischen Entwicklung." (Pierk, 18. Absatz) Forschungen des University College London zufolge werden chinesische Schüler durch den Leistungsdruck krank. Auch gibt es viel körperliche Gewalt durch Eltern und

Lehrer: „Mehr als jeder Dritte gab an, dass ihm vor lauter Stress mindestens einmal in der Woche der Bauch oder der Kopf wehtue. Manche Kinder hätten sogar viermal in der Woche solche psychosomatischen Krankheitsanzeichen […]." (N.N. d, 3. Absatz) Auch das Gaokau, das chinesische Abitur ist einer der wohl größten Stressfaktoren. Die Durchfallquote liegt bei 50% (vgl. N.N. c, 2. Absatz) und das Bestehen ist Voraussetzung für einen der begehrten Studienplätze. Ein Sondererlass der Regierung sorgt in der Nacht vor der Prüfung in ganz China für Ruhe. Keine Baustelle darf bedient werden und die Polizei fährt ihre Runden um Ruhe zu gewährleisten. Nicht nur für den Schüler, auch für die Eltern ist der Tag der Prüfung ein besonderer Tag: Fällt das Kind durch, haben auch sie vor der Familie, den Nachbarn und den Freunden das Gesicht verloren.

Neben all diesem Druck und Stress haben die gegebenen Faktoren auch Einfluss auf den Charakter der chinesischen Kinder. Fakt ist, dass die Ein-Kind-Politik eine Generation von Einzelkindern hervorgebracht hat. Da die Kinder ohne Geschwister aufwachsen, können sie meist anfangs Konflikte mit anderen Kindern nicht lösen oder haben Probleme, mit anderen zusammenzuarbeiten. Auch wird ihr Verhalten als egoistisch und selbstsüchtig bezeichnet. Hiervon abgesehen werden sie als einziges Kind der Familie von Eltern und Großeltern umsorgt, verwöhnt und mit Zuneigung überschüttet. Besagte Zuneigung drücken Chinesen gerne in Form von Essen aus – die Folgen davon sind, dass heute jedes dritte Kind in den reichen Industriestädten an Übergewicht leidet.

Auch zeigen die Kinder wenig Eigeninitiative und Verantwortung. Dies kommt daher, dass ihre Eltern in ihrem Kontrollwahn alles organisieren und ihre Kinder dann bis hin zur Berufswahl bevormunden. Die daraus resultierende Unselbstständigkeit wird auch aufgrund des Gehorsams, der ihnen abverlangt wird und sie zu autoritätsfixiert macht, stark ausgeprägt.

Abschließend möchte ich noch ein paar eigene Gedanken zum behandelten Themenfeld äußern. Das Überbevölkerungsproblem Chinas und die Lösung, die man dafür gefunden hat, sind ein heikles Thema. Trotz den erwähnten zahlreichen Problemen, die die Ein-Kind-Regelung verursacht, möchte die Regierung dennoch an ihr festhalten, auch wenn sie Schlupflöcher wie die 1,5-Kinder-Politik erschafft. In meinen Augen sind die, die am meisten unter alldem zu leiden haben, die Kinder. Nicht nur, dass sie im Alter Probleme haben werden, sich um ihre Eltern und Großeltern zu kümmern (da alle Last nur auf einem Nachkommen liegt), sondern auch die Auswirkungen auf die Kindheit und die Psyche des Kindes sind fatal. Viele Kinder halten dem Druck nicht stand und reagieren auf unterschiedliche Weisen – einige flüchten sich in virtuelle Realitäten wo niemand etwas von ihnen erwartet (jeder achte Jugendliche ist internetsüchtig), werden depressiv und/oder begehen Selbstmord. Suizid ist die häufigste Todesursache unter jungen Chinesen und die Selbstmordrate in China ist fast doppelt so hoch wie der Durchschnitt auf der ganzen Welt. Zu viele Dinge werden nach asiatischer Manier einfach totgeschwiegen, was das Problem noch verstärkt – denn ohne Kritik an den aktuellen Zuständen können auch keine tiefgreifenden Lösungsansätze gefunden werden.

Man kann nur abwarten und hoffen, dass diesem Thema in Zukunft mehr Bedeutung beigemessen wird.

Literaturverzeichnis

Elschenbroich, Donata (2006): Erziehung - Fron der frühen Jahre. Internet:
http://www.zeit.de/2006/04/B-Chinaschule
Zugriff am: 26.11.2010

Langenbach, Jürgen (2010): China: Aus für Ein-Kind-Familie? Internet:
http://diepresse.com/home/panorama/welt/595879/China_Aus-fuer-EinKindFamilie?from=simarchiv
Zugriff am: 26.11.2010

N.N. a (Frankfurter Allgemeine Zeitung) (2004): Der größte Luxus ist das zweite Kind. Internet:
http://www.faz.net/s/RubCD175863466D41BB9A6A93D460B81174/Doc~EFDE010E658274F92A56EAD0FDCB38B6D~ATpl~Ecommon~Scontent.html
Zugriff am: 26.11.2010

N.N. b (China Observer): Chinas Eltern können Kindererziehung kaum bezahlen. Internet:
http://www.china-observer.de/?x=entry:entry100924-111517
Zugriff am: 26.11.2010

N.N. c (Arte.tv) (2008): Chinas Kinder unter Druck. Internet:
http://www.arte.tv/de/Gesellschaft/2178012,CmC=2090018.html
Zugriff am: 26.11.2010

N.N. d (Spiegel Online) (2010): Leistungsdruck macht Schüler krank. Internet:
http://www.spiegel.de/wissenschaft/mensch/0,1518,672679,00.html
Zugriff am: 26.11.2010

Olesen, Alexa (2010): Überalterung – China setzt weiter auf Ein-Kind-Politik. Internet:
http://www.spiegel.de/wissenschaft/mensch/0,1518,719728,00.html
Zugriff am: 26.11.2010

Pierk, Christine (Internationale Gesellschaft für Menschenrechte): Die Ein-Kind-Politik der VR China und ihre Auswirkungen. Internet:
http://www.igfm.de/Die-Ein-Kind-Politik-der-VR-China-und-ihre-Auswirkungen.978.0.html
Zugriff am: 26.11.2010

Schönhuber, Ronald (2010): China: Der Widerspenstigen Zählung. Internet:
http://www.wienerzeitung.at/DesktopDefault.aspx?TabID=3856&Alias=wzo&cob=523569
Zugriff am: 26.11.2010

Siemons, Mark (2007): Nachwuchsdebatte in China – Zu viele Kinder verringern den Wohlstand. Internet:
http://www.faz.net/s/RubCF3AEB154CE64960822FA5429A182360/Doc~E807F9ED8B6044E13869C311B5FD32AC1~ATpl~Ecommon~Scontent.html
Zugriff am: 26.11.2010

Vougioukas, Janis (2008): Kaderschmiede im Klassenzimmer. Internet:
http://www.sueddeutsche.de/wirtschaft/kinder-in-china-kaderschmiede-im-klassenzimmer-1.190522
Zugriff am: 26.11.2010

BEI GRIN MACHT SICH IHR WISSEN BEZAHLT

- Wir veröffentlichen Ihre Hausarbeit, Bachelor- und Masterarbeit

- Ihr eigenes eBook und Buch - weltweit in allen wichtigen Shops

- Verdienen Sie an jedem Verkauf

Jetzt bei www.GRIN.com hochladen und kostenlos publizieren